Copyright © 2023 por Adrienne Alexander

Reservados todos los derechos. Ninguna parte de esta publicación puede ser reproducida, distribuida o transmitida de ninguna forma ni por ningún medio, incluidas fotocopias, grabaciones u otros métodos electrónicos o mecánicos, sin el permiso previo por escrito del editor, excepto en el caso de citas breves incluidas. en reseñas críticas y otros usos no comerciales específicos permitidos por la ley de derechos de autor.

Para solicitudes de permiso, escriba al editor, dirigido a "Atención: Coordinador de permisos", en

IPY Agency LLC
1000 Parkwood Circle SE #900
Atlanta, GA 30339
www.theipyagency.com

Hardcover ISBN: 978-1-7361019-9-5
Paperback ISBN: 979-8-9874668-9-6

Afirmación de Toque Seguro

Recuerde, es esencial enseñarle a los niños acerca de los límites del toque seguro y empoderarlos para que hablen si alguien viola esos limites. Esto puede ayudar a prevenir el abuso y asegurar que los niños se sientan seguros y respetados.

Para un grupo:

Tenemos derecho a estar sanos y salvos.
Nuestros cuerpos son de nosotros, así que nos mantenemos firmes.
Podemos decir sí o no, es nuestra decisión.
No tenemos que quedarnos callados, tenemos una voz.
Si alguien te hace sentir nervioso o mal,
No tengas miedo, y díselo rápido a un adulto.
Está bien hablar y pedir ayuda, no guardes secretos,
Usa tu voz fuerte.

Para un individuo:

Tengo derecho a estar sano y salvo.
Mi cuerpo es mío, así que me mantengo firme.
Puedo decir si o no, es mi decisión.
No tengo que quedarme callado, tengo una voz.
Si alguien me hace sentir nervioso o mal,
no tendré miedo, y si lo diré rápido a un adulto.
Está bien hablar y pedir ayuda; no guardaré secretos
Usaré mi voz fuerte

Tus partes "No-no" pueden ser las partes debajo de tu ropa o en tu boca

Como tu pecho, entre tus piernas, y tu trasero.

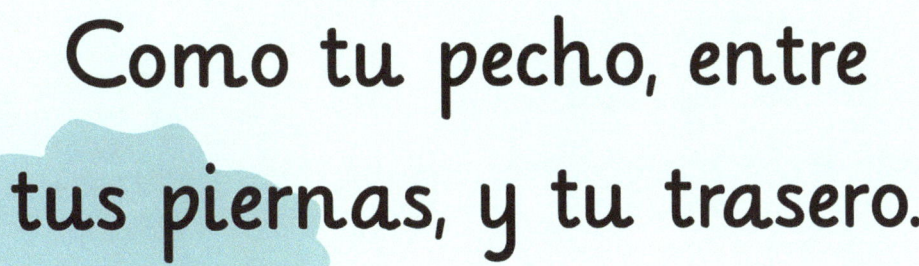

A veces, la gente te puede ofrecer dulces o regalos para poder tocar tus partes "No-no" o darte un beso.

Cuando alguien toca tus partes "No-no," puede hacerte sentir enojado, confundido, o triste.

Si alguien intenta tocarte, con tu voz alta di, "¡No! No puedes tocar mis partes "No-no.

Dile a tu amigo, maestro, o otro adulto si alguien toca tus partes "No-no.

Si alguien toca tus partes "No-no," no es tu culpa. No hiciste nada malo.

Digámoslo juntos, "¡No! ¡Tú no puedes tocar mis partes "No-no!

"LAS ESTADÍSTICAS MUESTRAN QUE HASTA 1 DE CADA 4 NIÑAS Y 1 DE CADA 6 NIÑOS SERÁN ABUSADOS SEXUALMENTE ANTES DE LOS 18 AÑOS."

Los expertos recomiendan iniciar conversaciones sobre tocamientos inapropiados durante los años preescolares. Sin embargo, aunque tres de cada cinco padres están de acuerdo en que el preescolar es el momento adecuado para hablar sobre el contacto inapropiado, una encuesta nacional encontró que menos de la mitad de los padres dicen haber hablado con sus hijos sobre el contacto inapropiado. Muchos padres también dicen que quieren más ayuda para navegar la conversación, pero dos de cada cinco dicen que no han recibido ninguna información sobre cómo hablar con su hijo sobre el contacto inapropiado. "Don't Touch My No-No Parts" quiere ayudar con esas conversaciones.

Use los siguientes consejos para ayudar a guiar la conversación.

1. Una de las cosas más importantes para ayudar con este proceso durante el preescolar es enseñar a los niños los nombres anatómicamente correctos de las partes del cuerpo y explicarles qué partes son privadas.

2. Aunque esta puede ser una conversación desafiante, es esencial ayudar a los niños a comprender la diferencia entre tocar de manera apropiada e inapropiada y que deben decirle a alguien si ocurre algún contacto de manera inapropiada. De lo contrario, los niños no estarán preparados para hacer frente a uno de los peligros más graves de la infancia.

3. Piense en reglas familiares que puedan reforzar el concepto de límites personales. Por ejemplo, los padres no deben obligar a los niños a aceptar abrazos, besos o contacto físico de nadie, incluidos familiares y amigos, si eso los hace sentir incómodos.

4. El uso de toques "seguros" e "inseguros" en lugar de "buenos" o "malos" ayuda a distinguir entre lo que es apropiado y lo que no lo es.

5. Enseñar la diferencia entre secretos saludables y no saludables. Un ejemplo es que una fiesta sorpresa es un secreto que se debe guardar porque hará felices a las personas y se contará en el momento adecuado. Sin embargo, no está bien tocar en secreto, o guardar secretos de los padres o cuidadores.

6. Pídale a su hijo que nombre tres personas con las que podría hablar si alguien los estuviera tocando de manera insegura. Muchas veces los ninos tienen miedo de decírselo a sus padres por miedo al castigo (o por una amenaza hecha por un perpetrador), por lo que su hijo necesita saber que puede buscar a otros adultos de confianza en quienes confiar. Dígale a su hijo que siga compartiendo hasta que alguien lo ayude.

Haga las siguientes preguntas si sospecha de abuso.

1. "¿Alguna vez alguien te ha hecho daño?"
2. "¿Alguien te está tocando de una manera que no estabien?"
3. "¿Tienes miedo de decirme algo? Decirme Cualquier cosa esta bien."
4. "¿Alguien te ha pedido que me guardes un secreto?"
5. "¿Está todo bien?"
6. "¿Pasó algo?"

Refuerce que las personas deben respetarse unas a otras. Por ejemplo, discuta cómo nunca está bien que alguien mire o toque sus partes privadas sin permiso. Al mismo tiempo, no deben mirar ni tocar el cuerpo de otras personas sin su consentimiento.

www.ingramcontent.com/pod-product-compliance
Lightning Source LLC
LaVergne TN
LVHW072322080526
838199LV00112B/487